LILIANA IACOCCA MICHELE IACOCCA

De onde você veio?

Discutindo preconceitos

editora ática

De onde você veio? – Discutindo preconceitos

Gerente editorial	Claudia Morales
Editoras	Claudia Morales/Lavínia Fávero
Editores assistentes	Elza Mendes/Fabrício Valério
Coordenadora de revisão	Ivany Picasso Batista

ARTE

Projeto de capa	Vinicius Rossignol Felipe
Editores	Suzana Laub/Vinicius Rossignol Felipe
Editor assistente	Antonio Paulos
Diagramadores	Moacir K. Matsusaki/Claudemir Camargo

Agradecimentos à profª. Maria Odette Simão Brancatelli
pela consultoria e revisão das informações históricas.

CIP-BRASIL. CATALOGAÇÃO NA FONTE
SINDICATO NACIONAL DOS EDITORES DE LIVROS, RJ.

I12d
2.ed.
Iacocca, Liliana, 1947-2004
De onde você veio? : discutindo preconceitos / texto Liliana Iacocca ; ilustrações Michele Iacocca. - 2.ed. - São Paulo : Ática, 2011.
48p. : il. - (Pé no chão)

ISBN 978-85-08-14352-8

1. Características nacionais brasileiras - Literatura infantojuvenil. 2. Preconceitos - Literatura infantojuvenil. 3. Literatura infantojuvenil brasileira. I. Iacocca, Michele, 1942-. II. Título. III. Título: Discutindo preconceitos. IV. Série.

10-5048. CDD: 028.5
CDU: 087.5

ISBN 978 85 08 14352-8 (aluno)
ISBN 978 85 08 14353-5 (professor)
Código da obra CL 737329
Código da OP: 278023

2025
2ª edição
10ª impressão
Impressão e acabamento: Forma Certa Gráfica Digital

Av. Otaviano Alves de Lima, 4400 – CEP 02909-900 – São Paulo, SP
Atendimento ao cliente: 4003-3061 – atendimento@atica.com.br
www.atica.com.br

Se você perguntasse
para cada um desta multidão:
– De onde você veio?

O que será
que cada um
responderia?

Eu, por exemplo,

... sou um andarilho e vim do interior,
mas já andei por todo o litoral.
Conheci gente de todo tipo e de todas as cores: branco,
negro, mulato, moreno, amarelo...
E o mais engraçado é que todos pareciam meus irmãos.
Também, veja só, eu sou uma mistura de todos eles.
E, como todos eles, sou brasileiro.

E você? De onde veio?

De onde eu vim?
Da barriga da minha mãe, lógico!

Meu pai é filho de japoneses e minha mãe é bisneta de italianos com espanhóis.

Eu sou brasileiro descendente de africanos. Na família, os mais velhos comentam que meu tataravô foi escravo e contam muitas histórias sobre a vida dele.

Meu avô, pai do meu pai, fugiu da guerra e veio para o Brasil. Ele é húngaro e acabou se casando com uma brasileira, filha de portugueses. Minha mãe é neta de poloneses.

Meu pai é descendente de índios Caiapó, que até hoje vivem no norte do Brasil. Minha mãe nasceu no Paraná.

Só sei que meus antepassados eram portugueses e que meus avós e meus pais são brasileiros... Bem que eu gostaria de saber mais sobre a minha família.

Por acaso você já parou para pensar que desde antes do seu nascimento você já tinha uma história?

E que história é essa?

É a história da sua origem, de quem você descende, das várias raças e das diferentes culturas que se uniram através dos tempos para você ser quem você é.

Então, você se pergunta:

De onde era meu tataravô e com quem ele se casou? Por que meu bisavô veio para o Brasil? Eu me pareço mais com a família do meu pai ou da minha mãe? Por que eu tenho esse sobrenome?

As perguntas são muitas e, se quiser, você vai descobrir a seu respeito coisas que nem imaginava.

E desejando saber mais...

... conheça a história das misturas raciais que aconteceram no nosso país e saiba por que nós brasileiros somos quem somos...

... descubra também o que é maravilhoso em tudo isso e o que é necessário repensar para vivermos melhor.

Quando você olha
em volta, quantas
cores de pele,
formatos e cores
de olhos, tipos de
cabelos, estaturas
variadas você vê?

O que quer dizer
ser brasileiro?

Antes do Descobrimento do Brasil pelos portugueses, viviam aqui mais de mil etnias indígenas: eram grupos que se assemelhavam fisicamente mas tinham culturas diferentes. De acordo com alguns pesquisadores, somavam de três a cinco milhões de habitantes e se expressavam através de quase quatrocentas línguas.

Eram povos que viviam da caça, pesca e coleta de alimentos... Desenvolviam uma agricultura rudimentar, com roças de mandioca, feijão, milho e abóbora... Eram povos que se relacionavam com a natureza: o raio, o trovão, o rio, a árvore... Possuíam seus costumes, suas lendas, suas crenças, suas tradições milenares... Andavam nus, pintavam o corpo, se enfeitavam com penas coloridas, cantavam e dançavam nas festas e nos rituais.

Existiam conflitos, é lógico, inclusive guerras, mas no núcleo de cada grupo prevalecia o sentimento de irmandade, convivência e participação.

As crianças eram protegidas por todos. As meninas aprendiam a trançar folhas de palmeiras e a fazer

esteiras e cestos. Os meninos caçavam bichos pequenos, subiam nas árvores e nadavam nos rios.

O jovem era preparado para a vida adulta: conhecia a história do seu povo e dos ancestrais, aprendia a caçar, a correr, a ser forte, corajoso...

Enfim, eram povos que, mesmo diante de dificuldades, possuíam uma forma própria de harmonia.

Até que, naquele abril de 1500, apareceram no horizonte as caravelas da esquadra portuguesa, e toda aquela harmonia que existia há séculos foi quebrada para sempre.

Eram os colonizadores chegando.

E o que desejavam?

Conhecer esta enorme terra, tomar posse dela e explorar as riquezas naturais que ela possuía.

Imagine você o que significou para os que vinham de longe, de outro continente, toda aquela cultura original e pura existente no nosso país.

Compreender, impossível!

Respeitar, para quê?

Imagine também o que significou para os índios, os verdadeiros donos da terra, tudo o que os homens brancos impuseram: sua língua, seus costumes, suas leis, suas armas de fogo, sua religião…

Na ânsia da exploração, os europeus logo encontraram a primeira fonte de riqueza: uma árvore conhecida pelos índios Tupi pelo nome de ibirapitanga, da qual se obtinha um corante vermelho para tingir tecidos, muito procurado na Europa.

E quem conhecia a terra e sabia encontrar as tais árvores? Sem dúvida, os índios!

Indefesos, foram dominados, tiveram que obedecer, trabalhar na exploração da ibirapitanga, chamada então de pau-brasil, e na introdução da lavoura

da cana-de-açúcar. Mudaram antigos costumes, abandonaram tradições, contraíram doenças. Foram perseguidos e massacrados.

Muitos morriam de tristeza e mágoa diante da nova realidade de vida.

Enquanto isso, piratas e aventureiros dos mais distantes países, entre eles holandeses e franceses, aqui aportavam para ver de perto o que oferecia o então chamado "Novo Mundo".

Toda essa gente que aqui foi chegando, escravizando, se apossando das terras, acabava tendo necessidade de se relacionar entre si e com os índios.

E com essas tentativas de convívio, nem sempre pacíficas, passaram a existir outras formas de aproximação.

Acontecia de colonizadores ficarem fascinados pela vida dos nativos, se instalarem nas aldeias, andarem nus e se adaptarem a todos os costumes indígenas.

Aconteciam também encontros e até casamentos entre índios e brancos que, na maioria das vezes, eram realizados de acordo com o ritual católico. As mulheres índias tinham então que adotar um nome cristão.

Por outro lado, alguns grupos indígenas eram polígamos – o que significa que cada homem possuía várias esposas – e tinham o costume de oferecer uma de suas mulheres ao estrangeiro que fosse aceito por eles.

Nasceram filhos dessas uniões, consentidas ou não. Começou a existir parentesco entre os povos, e com o passar dos anos foi se formando uma geração de mestiços, que representava uma nova realidade racial nas terras brasileiras...

... fundamental para a nossa cultura até os dias de hoje.

O que aconteceu então?

Apesar de tentarem se impor como podiam e conseguiam, os povos indígenas sempre acabavam sendo derrotados pelos colonizadores. E cada derrota representava a extinção de mais uma parte da cultura nativa.

A intensa exploração do pau-brasil levava ao desaparecimento da preciosa madeira, mas a lavoura da cana aumentava. Os engenhos de açúcar prosperavam e exigiam mais gente para trabalhar.

Onde buscar mais trabalhadores?

Já existiam portugueses comercializando escravos negros. Eles iam buscá-los nas costas da África; às vezes os negros eram capturados, outras vezes vendidos por grupos rivais. E o negócio vinha se tornando muito, muito lucrativo.

É até difícil de acreditar, mas aconteceu aqui... os donos dos engenhos, chamados de senhores, passaram a usar escravos.

Você tem ideia de como era um navio negreiro?

Nada mais triste e vergonhoso do que transportar seres humanos como mercadorias, trancafiados e acorrentados nos porões dos navios negreiros.

Os escravos desembarcavam sem nenhum direito, pessoas da mesma família eram separadas sem nenhum respeito... E se não aceitassem as condições estabelecidas eram submetidos aos piores castigos, chegando até à morte.

É lógico que sentimos uma profunda indignação ao lembrar que um povo do qual descende boa parte dos brasileiros foi trazido como escravo, tratado de forma tão desumana, submetido a trabalhos forçados, inicialmente nos canaviais, depois na extração do ouro e em outras atividades desenvolvidas no Brasil.

Nem sempre passivos, muitos escravos se rebelavam e lutavam pela sua dignidade e pelos seus direitos.

Muitos fugiam e se escondiam no mato, onde formavam comunidades de fugitivos, chamadas quilombos. O mais famoso deles, o Quilombo dos Palmares, que atraía negros em busca de liberdade, desenvolvia artesanato e tinha agricultura avançada, passou a representar uma ameaça para o poder dos senhores.

Depois de inúmeras tentativas, Palmares acabou sendo destruído e seu chefe, Zumbi, foi capturado e morto.

Para sobreviver à opressão e às péssimas condições de vida, o negro cultivou sua imaginação, sua música, suas danças, suas festas, rituais, brincadeiras…

Que comentários fazer desta convivência entre senhores e escravos?

O que imaginar da vida na senzala onde os negros viviam amontoados?

Como eram as relações na chamada “casa-grande” dos senhores de engenho onde também trabalhavam muitos escravos?

A vida dos negros na senzala e na casa-grande era difícil, sofrida, sem chance de melhorar.

Mas ninguém pode esquecer que eram pessoas convivendo com pessoas. Apesar dos abusos dos senhores, os negros faziam de tudo para não deixar seus costumes e crenças morrerem.

Através de várias manifestações mantinham sua identidade africana. As amas de leite, por exemplo, como eram chamadas as escravas que amamentavam os filhos das mulheres brancas, cuidavam das refeições e de toda a organização da casa-grande, introduziram sua forma peculiar de ternura e muitos costumes da sua cultura.

Filhos legítimos e ilegítimos nasceram dos mais variados tipos de união. E, pelo fato de serem mestiços, esses filhos tiveram que aprender a lutar para conquistar seu lugar na sociedade.

Nessas alturas existiam no Brasil mestiços de índios com brancos, de negros com brancos, de índios com negros.

A população já mostrava no rosto, no corpo, na maneira de ser toda essa mistura. E em seus usos e costumes, em suas manifestações era visível a diversidade racial.

Aconteceu então...

... o grande sonho dos colonizadores desde sua vinda ao Brasil: a descoberta do ouro e das jazidas de minérios, exatamente no momento em que a exportação do açúcar passava por um período ruim.

A nova riqueza indicava grandes mudanças, como o surgimento de povoados e a chegada de muitos portugueses e migrantes de todo o Brasil nas zonas de mineração.

Para trabalhar nas jazidas de ouro, houve intensificação no tráfico de escravos, que dividiam o trabalho com milhares de mestiços.

Da mesma maneira que explorou o pau-brasil, Portugal procurou se apossar da maior quantidade possível do valioso metal, cobrando da Colônia pesados impostos sobre a produção.

A exploração do ouro entrou em declínio com o esgotamento das jazidas; os impostos ficaram ainda mais altos, provocando revoltas entre os

mineradores... E surgiram grupos que passaram a defender a separação do Brasil de Portugal.

Mas já estava aparecendo uma nova fonte de renda. Era o café, cujas mudas trazidas da Guiana Francesa se adaptaram muito bem ao nosso solo.

Após anos de conflito, em 1822 o Brasil se tornou independente de Portugal.

Começou a ser discutida entre alguns políticos, e principalmente entre artistas e intelectuais, a ideia de abolir a escravidão no país.

Nessa época, o governo brasileiro dependia economicamente da Inglaterra, que pressionava pelo fim do tráfico negreiro para substituir o trabalho escravo pelo assalariado, pois desejava expandir sua industrialização e enviar seus produtos para o Brasil.

Em 1850, o tráfico negreiro foi proibido. O dinheiro antes utilizado na compra de escravos passou a ser aplicado em outros setores: na indústria, no comércio, na fundação de bancos, na ampliação das lavouras e na importação de máquinas de lavar e separar grãos de café.

Era grande a necessidade de pessoas para plantar e colher mais e mais café.

Isso coincidiu com uma época em que países da Europa passavam por crises e grande desemprego,

o que contribuiu para a vinda dos imigrantes europeus, dando início assim ao processo de trabalho livre no Brasil.

Além disso, a vinda dos imigrantes, brancos e livres, agradava parte da elite brasileira, racista e discriminadora, que via a possibilidade do branqueamento da raça.

A abolição da escravatura aconteceu em 1888. No entanto, depois de serem explorados por mais de três séculos, os escravos nada receberam: nem terras, nem possibilidades econômicas, nem acesso à educação…

E se viram abandonados num país cuja riqueza havia sido construída por eles.

Chegam os imigrantes.

Você tem ideia do que significava milhares de famílias deixarem seus países de origem para tentar a vida no Brasil?

Na segunda metade do século XIX, o plantio e exportação do café foi o grande estímulo para a vinda dos imigrantes, atraídos pelo sonho de terras e riqueza.

A maioria passava por imensas dificuldades nos seus países de origem, como guerras, desemprego, falta de perspectivas. Vir para a América representava uma grande aventura, muitos desafios, mas também um começo, uma nova vida.

Muitos, ao chegar, foram trabalhar nas grandes fazendas.

Inicialmente, um dos sistemas de trabalho era o de parceria: os imigrantes cultivavam a terra do proprietário e dividiam os lucros da colheita do café com ele. Mais tarde, eles passaram a cultivar parte da terra, recebendo um salário fixo pequeno mais uma parte proporcional à colheita.

Os fazendeiros, acostumados a tratar os escravos como bem entendiam, nem sempre cumpriam com lealdade os acordos estabelecidos com os novos trabalhadores.

Quase quatro milhões de imigrantes dos mais diversos países desembarcaram no Brasil entre 1890 e 1929.

Isso ocasionou vários tipos de mudanças no país e a principal delas foi o crescimento da indústria. Alguns fazendeiros, entusiasmados com a nova mão de obra, com o aumento da produção e dos lucros, até passaram a investir nesse novo setor.

No início, os imigrantes tendiam a ficar isolados, cada grupo falando sua língua e vivendo de acordo com os seus costumes. Muitos tinham esperança de melhorar suas condições de vida e retornar ao seu país.

Mas as oportunidades foram aumentando. Além da lavoura e da exportação do café, havia o emprego nas fábricas, a possibilidade de montar o próprio negócio e até de enriquecer.

Conclusão:

A maioria deles acabou ficando, se integrando tanto no campo como nas cidades, que cresciam com rapidez devido ao desenvolvimento da indústria.

Foram então se juntando aos brasileiros, assimilando os costumes do país, superando ou não os preconceitos.

A convivência fez com que introduzissem sua cultura, sua maneira de se vestir, sua culinária, sua música, suas ideias sobre a vida e o mundo.

Daí para a frente a miscigenação passou a se mostrar presente na maioria dos grupos familiares e se estabeleceu definitivamente em todas as gerações que vieram a seguir.

1888
LEI ÁUREA

Você não precisa ir longe demais. Basta ficar um pouco atento, observar ao seu redor para descobrir que todos nós carregamos um pedacinho dessa história, desse encontro de muitos povos que se manifesta no dia a dia dos que vivem aqui.

É lógico que é uma história cheia de problemas e dificuldades, em que muitas vezes o ser humano foi profundamente desrespeitado por outros seres humanos.

Por que os colonizadores só se preocupavam com a exploração? A troco do que milhões de índios foram exterminados? Existe coisa mais terrível do que escravizar pessoas? Quais as consequências disso na nossa vida atual?

No entanto, apesar de tudo, convivemos com uma infinidade de manifestações culturais deixadas pelos que aqui habitavam e pelos que foram chegando.

E se você observar...

... vai compreender a riqueza étnica e cultural que possuímos, uma riqueza que até hoje nos alimenta e continua borbulhando num enorme caldeirão.

O que ferve dentro deste caldeirão?

As lendas da cultura indígena, que relatam a origem do mundo, seus deuses, seus mitos.

A palavra *peteca*, que na língua tupi significa "bater com as mãos". E outros vocábulos indígenas como maracujá, pororoca, pipoca, caipira, samambaia, jacaré...

A pintura e os desenhos geométricos que os índios faziam no corpo e nas cerâmicas que produziam.

As plantas e as ervas descobertas por várias tribos e que até hoje são usadas na indústria farmacêutica, cosmética e alimentícia.

A arte plumária.

O azeite de dendê, o leite de coco e outros ingredientes trazidos pelos negros, que contribuíram para a criação de pratos típicos como o vatapá, o caruru, o acarajé...

A arte nativa da cestaria, das esteiras, dos tecidos feitos com fibras de várias espécies de palmeiras.

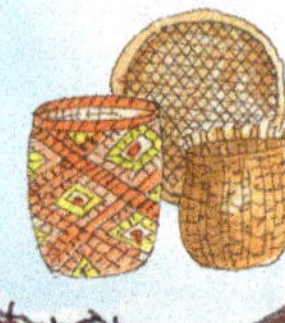

A macumba, a umbanda, o candomblé, que são exemplos da fusão religiosa dos ritos africanos com o catolicismo.

A capoeira, atualmente reconhecida como esporte nacional, que para os escravos era uma luta de defesa ante o opressor.

O ritmo e as danças da África, que influenciaram nossa música popular.

O agogô, o berimbau, o atabaque, o tamborim, o pandeiro: instrumentos musicais que passaram a fazer parte do batuque do Brasil.

Termos carinhosos como neném, dodói, dindinha, tatá... E muitas, muitas outras palavras como marimbondo, quitute, dengo, cachimbo, cafuné...

As igrejas barrocas com influência da arquitetura portuguesa e espanhola construídas no período colonial. Como as construções e as esculturas de Antônio Francisco Lisboa, o Aleijadinho.

A obra do poeta abolicionista Castro Alves.

A macarronada, a pizza, a polenta, o quibe, a esfirra, o sushi, o estrogonofe, o chucrute, a *paella*, o gulache, o *fondue*... receitas que os imigrantes trouxeram e que fazem parte dos cardápios nacionais.

O pato no tucupi, a feijoada, o cuscuz, a canjica, a carne de sol, o tutu de feijão, o quibebe, o churrasco gaúcho, a farinha de mandioca, o doce de abóbora...

A literatura de cordel.

A ironia e a crítica de costumes na obra do escritor carioca Machado de Assis, um dos principais fundadores da Academia Brasileira de Letras.

A literatura romântica do escritor José de Alencar, em que o índio aparece como herói nacional, símbolo da identidade brasileira.

O futebol, introduzido no Brasil em 1894 por Charles Miller ao retornar de uma viagem de estudos na Inglaterra. Ele trouxe duas bolas e as regras básicas do esporte que logo entusiasmou a população e se tornaria a grande paixão nacional.

A ópera *O Guarani*, criada nos moldes italianos pelo compositor Carlos Gomes, que se baseou no romance do mesmo nome, de José de Alencar.

A Semana de Arte Moderna, que aconteceu em fevereiro de 1922, no Teatro Municipal de São Paulo, com a intenção de identificar uma cultura tipicamente brasileira.

A compositora Chiquinha Gonzaga, que divulgou a música popular. Heitor Villa-Lobos, que pesquisou cantigas folclóricas para reutilizá-las em suas composições.

A pintura da artista plástica Tarsila do Amaral, que procurava sintetizar nos seus quadros elementos que compunham a alma do Brasil.

O romance Macunaíma, do escritor Mário de Andrade, que se propôs a encontrar uma linguagem genuinamente nacional.

O Carnaval, que se originou do entrudo português, brincadeira de rua em que as pessoas jogavam água e farinha umas nas outras.

Ary Barroso e sua *Aquarela do Brasil*, uma das músicas mais gravadas na nossa história.

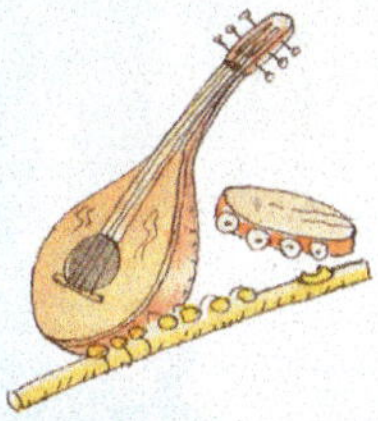

Intelectuais como Sérgio Buarque de Holanda, Gilberto Freyre, Caio Prado Júnior, Câmara Cascudo, Darcy Ribeiro, que analisaram e discutiram as influências que contribuíram para a formação da cultura brasileira.

As festas tradicionais como as juninas, Nosso Senhor do Bonfim, Círio de Nazaré, Iemanjá…
O teatro de mamulengo, as máscaras, as escolas de samba, os bonecos do carnaval de Olinda, os trios elétricos…
A pintura de Di Cavalcanti, que desenvolveu uma temática brasileira, com mulatas, negros, mestiços…
A dramaturgia de Nelson Rodrigues, de Plínio Marcos, de Ariano Suassuna.
A literatura infantil criada por Monteiro Lobato e inspirada em personagens da realidade nacional.
As obras de grande conteúdo social dos escritores nordestinos Graciliano Ramos, Jorge Amado, José Lins do Rego e Rachel de Queiroz.
Os artistas plásticos Almeida Júnior, Portinari… E os estrangeiros que se radicaram no país, como Lasar Segall, Victor Brecheret…
O cinema novo de Glauber Rocha, principalmente com *Deus e o diabo na terra do sol*.

Os mitos populares: a mula sem cabeça, o saci-pererê, o lobisomem...

Os folguedos e danças: a congada, a cavalhada, o bumba meu boi, a folia de reis, o maracatu, o samba, o frevo, o baião, o carimbó...

As brincadeiras e jogos infantis: roda, ciranda cirandinha, amarelinha, bolinha de gude, boca de forno, barra-manteiga, passa anel...

A linguagem inovadora e o regionalismo do escritor mineiro João Guimarães Rosa.

A busca de formas novas na arquitetura de Lucio Costa e Oscar Niemeyer, arquitetos que projetaram Brasília.

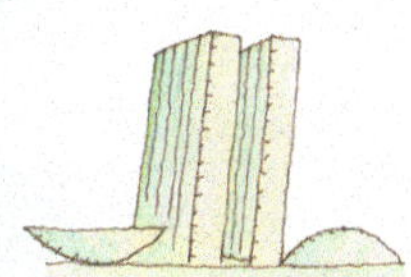

As crendices, as rezas, e os benzimentos...

O movimento Tropicália de 1967, que reuniu as tendências musicais da época, nacionais e internacionais, para dar a elas um colorido brasileiro.

E todos que, através do seu trabalho, contribuíram para preservar e enriquecer a cultura do nosso país.

É lógico que, se você se aprofundar, for conhecendo mais e passar a compreender, a apreciar toda a diversidade da cultura brasileira, vai entender melhor a nossa história e olhar com outros olhos as manifestações que aqui ocorrem.

De que instrumento vem esse som? Que tipo de gente esse escritor quis retratar em sua obra? E essa pintura, o que quer dizer? O que é regional, o que pertence a nós mesmos e o que é que recebe influências de fora?

Então, quase sem você perceber, isso pode se tornar um hábito que ajuda cada um a definir melhor seus gostos e escolhas, a conhecer mais a si mesmo e tudo o que está ao seu redor.

E, por falar em hábitos...

... em jeitos e jeitinhos de ser, que tal ir a fundo quando se tratar de relações raciais e da convivência com a diversidade? E pensar sobre o seu comportamento e discutir os comportamentos em geral?

No Brasil existe discriminação racial?

Nos lugares que você frequenta, as pessoas respeitam as que são diferentes, as que são de outro jeito?

O que é preciso mudar?

Para onde vamos?

Eu,
por exemplo,

... vou continuar andando pelo Brasil,
que é o país onde eu nasci.
Quero atravessá-lo de ponta a ponta para
conhecer os lugares, as pessoas, as tradições...
Para entender cada vez mais este meu país que,
além de bonito, tem toda essa riqueza cultural.
Com a esperança de me sentir um cidadão livre, justo e tolerante.
Como todos devemos ser.

E você,
para onde vai?

O Brasil tem muitos lugares bonitos que eu gostaria de conhecer. Só espero que, com o tempo, eu possa visitar todos eles.

Eu gosto do Brasil e quero ficar aqui, mas acho que seria bem melhor se todos se respeitassem, independente de ser pobre ou rico, de uma raça ou de outra, mais importante ou menos importante, homem ou mulher, analfabeto ou culto, jovem ou idoso, de uma religião ou de outra...

Muitas vezes fico chateado com o jeito de certas pessoas. Por exemplo, tem gente que diz que não é racista, mas na hora agá acaba sendo, sem se preocupar com os sentimentos dos outros... Por eu ser negro, percebo mais essas coisas. Não é nada bom!

Para melhorar o Brasil, todo mundo tem que ajudar a resolver os problemas, que na minha opinião são muitos, muitos mesmo.

Para mim, o lugar ideal é onde todo mundo vive bem e em paz. Será que existe esse lugar?

Vivem falando em discriminação, mas ninguém faz nada... Basta cada um gostar dos outros como eles são, além de gostar de ser como se é... Daí dá tudo certo.

E daqui em diante...

... nada melhor do que olhar para a frente, ser positivo ao máximo e acreditar que muita coisa pode mudar.

Claro, é necessário uma grande dose de boa vontade, muita observação e crítica para que nas relações raciais não aconteçam disfarces, situações camufladas que aparentam ser de um jeito e no fundo são de outro bem diferente.

Para que isso não aconteça é fundamental buscar dentro de si mesmo os verdadeiros sentimentos e valores, que, ao se manifestarem, aproximam as pessoas sem necessidade de muita explicação.

Quando isso acontece, a prática da tolerância se torna constante, o entendimento e a visão se ampliam e, de repente, é como se todos os seres humanos fossem as cores de um mesmo arco-íris.

Você já se preocupou...
... em ouvir os que se sentem discriminados?

Discriminação é...
... tratar mal ou impedir que uma pessoa tenha possibilidade de fazer coisas permitidas a outras porque pertence a diferente grupo racial, segue outra religião...

O que você acha das pessoas...
... que contam piadas, fazem gracejos, gestos impróprios em relação à raça e à nacionalidade de outras?

Como explicar...
... os jovens que criam grupos radicais e gangues violentas em nome da intolerância, da não aceitação de quem é diferente?

Diversidade é...
... variedade de coisas e pessoas diferentes umas das outras.

Aceitar e conviver com a diversidade é um ato de cidadania, pois a diversidade é a essência da vida e da nossa cultura. Nessa convivência todos crescem e com ela surgem novas e ricas ideias.

Se você olhar e pensar...
... na situação e nas condições de vida dos índios e dos negros brasileiros nos tempos atuais, a que conclusão chegará?
Responda: eles têm as mesmas chances que têm os brancos?

É muito difícil...
... respeitar os costumes, a religião, a maneira de ser dos povos que vivem em outros países e possuem cultura e aprendizado de vida diferentes dos seus? Será que dá para uns aprenderem com os outros?

O que vale mais...
... a aparência de uma pessoa ou quem ela realmente é?

Preconceito é...
... a ideia desfavorável que se tem de uma pessoa antes de conhecê-la só porque ela pertence a outro grupo racial, outra condição social, outra religião, fez outra opção sexual, tem outra maneira de encarar a vida...

Racismo é...
... achar que existem raças superiores a outras.

Você sabia que...
... de acordo com as leis da nossa Constituição, racismo é crime?

Até que ponto...
... a discriminação racial, o preconceito e o racismo influenciam a desigualdade social no Brasil?

É importante gostar...
... do país onde se vive e do povo que mora nele?

Miscigenação é...
... pessoas de raças diferentes que se unem e das quais nascem outras, misturando as características físicas dos pais.

E o mundo, os outros países...
... estão nos dando bons ou maus exemplos sobre as questões raciais?

O preconceito estimula a violência?

Você não acha...
... que depois de quase quatrocentos anos de escravidão, não deveria haver mais políticas para reparar os danos causados aos afrodescendentes?

Fundamental é...
... cada um gostar de ser como realmente é, aprender a respeitar a raça à qual pertence, a cor da pele que tem, a cultura dos seus antepassados...

E você, como pessoa, quem é?

Você faz ou não faz parte desta história?
Você quer ou não quer participar pra valer desta história toda?

Que tal...

... trocar ideias com
seus pais, conversar
com sua família,
para descobrir
de onde você veio,
quem é você?